GRAFOLOGÍA EN EL AMOR

GRAFOLOGÍA EN EL amor

MARÍA FERNANDA CENTENO

AGUILAR

Grafología en el amor

Primera edición: mayo, 2017

D. R. © 2017, María Fernanda Centeno

D. R. © 2017, derechos de edición mundiales en lengua castellana:
Penguin Random House Grupo Editorial, S. A. de C. V.
Blvd. Miguel de Cervantes Saavedra núm. 301, 1er piso,
colonia Granada, delegación Miguel Hidalgo, C. P. 11520,
Ciudad de México

www.megustaleer.com.mx

D. R. © Ramón Navarro / Estudio navarro, por el diseño de cubierta
D. R. © Blanca Charolet, por la fotografía de la autora
D. R. © Céline Ramos, por las ilustraciones de interiores

ISBN: 978-607-315-304-1

Impreso en México – *Printed in Mexico*

El papel utilizado para la impresión de este libro ha sido fabricado a partir de madera procedente
de bosques y plantaciones gestionadas con los más altos estándares ambientales, garantizando
una explotación de los recursos sostenible con el medio ambiente y beneficiosa para las personas.

Penguin
Random House
Grupo Editorial

Dedicatoria

A mi esposo, Carlos Marín, amor de mi vida, me has enseñado todo lo que sé de amor, me has hecho vivir en amor. Te amo, cachito.

A mi mamá, a quien le aprendo tanto, te amo. Gracias por todo. Cada día te entiendo más y deseo hacerte abuela. A mi papá. Eres el sol que me ilumina la vida, eres mi motivación. Gracias por apoyarme siempre y echarme porras.

A Mamá Carmelita, mi abuelita, la más linda, siempre juntas.

A mis hermanos, Montserrat, Miguel Ángel y Jorge Alfonso, en orden de aparición; son maravillosos e inteligentes. Me siento bendecida por su presencia en mi vida.

A mi abuelo Alfonso, todavía no puedo creer que ya no estás físicamente, porque siempre te siento junto a mí.

A mi abuelo, Arturo Muñoz, por ser una lección de vida.

A mi tío Memo, a toda mi familia, Memito, Natalia, por estar siempre ahí.

A mis hermanos, que están en el cielo.

A Carla Estrada, por tanto, tanto, tanto, amor.

A Luis de Llano, Marco Flavio y Susana Zabaleta, por ser amor en mi vida.

A Reynaldo López, por las charlas y, sobre todo, por la libertad. Gracias. Te quiero y te agradezco mucho por confiar en mí.

A todo el equipo de *Hoy*, por siempre y para siempre.

A Víctor Trujillo, porque me reconciliaste con la vida y con el mundo, gracias por tu generosidad.

A Fernando Coca, quien hace los mejores prólogos del mundo y sabe ser amigo incondicional. Gracias por quererme.

A Maricarmen Morfín e Ingrid Brans.

A Paty Vella, por estar siempre, ser hermana de vida, mamá de dos niños maravillosos y compartir su talento conmigo.

A Gus Rodríguez por quererme a pesar de que ni yo me entiendo. Eres fundamental en mi vida. Gracias, gracias, gracias.

A Karen y Janet y Roxana son mis hermanas de vida.

A Eli, y Anita, no existen en el mundo mejores amigas de vida. Las amo.

A Sofía Sánchez Navarro por esta bienvenida.

A Violeta Isfel, Magda Rodríguez y Glenda Reyna, por hacerme crecer, por la risa, por el amor incondicional.

A mi *Grafocafé*, donde surgen las historias, ese café donde estoy segura de que se han generado desde historias de amor hasta revoluciones.

A ti, pequeño Yorkie, razón de que la vida sea más bonita, a mi bebé perrito.

Maryfer
Marzo de 2017

Índice

Advertencia

Consideraciones previas

Éste no es un libro normal, es un libro para que te conozcas mejor y conozcas a tu pareja, para que te reinventes. Tal vez te sacuda. Habrá cosas que no quieras saber, pero te diré algo: son cosas que necesitas conocer de ti y de tu pareja. Vamos de la mano en esta aventura, porque necesitas de tu letra y la de tu pareja.

Introducción

Si leíste *Grafomaniatics* descubriste que tu letra revela aspectos de tu personalidad, formas de actuar ante la alegría, la pasión o el estrés. El propósito en mi primer libro fue que conocieras bien tu escritura y la de la gente que te rodea para saber qué conductas las distingue y cómo se comportan en determinadas circunstancias.

Ahora quiero que conozcas bien tu letra para saber cómo eres en el amor, en el romance, en los encuentros ssexuales; si te gusta ser pasivo, activo, encendido ¡o súper prendido! Que conozcas la letra de él o ella para saber si está contigo por amor o por interés, si tienen buenas intenciones o sólo desean pasar un momento de intimidad contigo.

Pero tampoco quiero que te estreses, relájate, flojito y cooperando. Se trata de divertirse y aprender, de utilizar las mejores herramientas de grafología para encontrar al ser ideal, para alejar de tu vida a personas tóxicas o malintencionadas y con eso sigas derechito al camino de la la felicidad y el romance.

Además en este libro encontrarás por qué es tan importante conocer la letra de tu suegra, qué hacer ante una infidelidad, qué pretende la gente cunado manda mensajes ardientes por Whatsapp, detectar a los infieles o imaginar cómo puede ser tu compañer@ sentimental en la cama.

Grafología en el amor es un libro divertido, picante, lleno de humor y muy sincero, te ayuda a ser más sexy, a valorarte y aumentar tu autoestima: lo que más deseo con estas páginas es que tu vida esté llena de amor y de alegría.

CAPÍTULO I
¿Mejor sol@ que mal acompañad@?

¿Qué tipo de pareja eres y qué tipo de pareja necesitas?

Hay ocasiones en las que creemos que tener una pareja nos llenará de alegría y completará los espacios que tenemos en blanco y llenará nuestros vacíos. Falso. Uno debe sentirse pleno, completo, feliz con lo que es y no depender del otro o la otra para sentirse bien. Tenemos que amarnos muchísimo para compartir el amor, la seguridad, las ilusiones...

Pero antes de comenzar... ¿necesito tener pareja?

No sé a ti, pero a mí me enseñaron que para tener valor como persona debía tener pareja. Mi abuelita siempre tuvo conflictos por haberse divorciado; tal parece que, en mi familia, para tener valor como ser humano, debes estar con alguien o no existes.

Hoy me doy cuenta de que tener pareja resulta de una elección, **no es una obligación ni un deber**, eres tú quien decide con quién estar.

Sin embargo, aunque sabemos que no es necesario tener pareja para sobrevivir, siempre es bonito tener alguien cercano con quien compartir la vida.

LAS NECESIDADES SON:

- **Afectivas.** Sentirnos queridos, comprendidos, tener alguien a quien contarle cómo nos fue. Una pareja debe ser una persona que te apoye.
- **De contacto sexual.** No sólo por razones biológicas de supervivencia, sino por todos los beneficios mentales y físicos que da una sexualidad plena.
- **Sociales y de pertenencia.** Nuestra naturaleza genera la necesidad y el sentido de pertenecer; la pareja ayuda a sentirte en equipo, ya no estás "solo", ahora son dos.

Sin embargo, al escoger pareja a veces cometes grandes errores. ¿Por qué?

- Piensas que con el amor basta.
- Tienes la esperanza de que cambie (eso no pasará).
- Es muy buen@ en la cama (puedes tener un buen compañer@ sexual, pero eso es diferente a tener una pareja).

- Piensas que si lo ayudas en todo, esa persona responderá con amor para siempre.
- Piensas que puedes COMPRAR una pareja.
- Te urge formar una familia.
- Porque "peor es nada".
- Porque finges algo que no eres.
- Quieres que todo mundo se entere de que tienes una relación.
- Realmente no sabes qué buscas ni qué esperas de una relación amorosa.
- Hay presión social.Porque no te conoces. Y si no te conoces, ¿cómo saber qué tipo de pareja eres y qué pareja necesitas?
- Así que escribe tu firma.

Personalidad independiente
- Tienes la capacidad de controlar tu vida.
- Sabes hacia dónde ir.
- No esperas a que los demás te digan qué hacer.
- Solucionas tus problemas.
- Tomas decisiones.

Personalidad romántica

- Te gustan los detalles.
- Compartes tu estado de ánimo.
- Necesitas sentirte escuchado.
- Idealizas a la pareja.
- Piensas vivir momentos únicos.

Personalidad sexual

- Te gusta probar cosas nuevas.
- Quienes presentan alta libido se sienten satisfechos después de tener sexo. Es una sensación parecida a la que se tiene después de hacer ejercicio.
- Para ti, una pareja también es un instrumento de placer.

Personalidad negociante

- Eres racional y astuto.
- Te gusta llevar el rol dominante.
- Tomas riesgos.
- Piensas más en lo que tienes y en cómo usarlo, no en lo que no tienes.

Personalidad protectora

La palabra *protección* viene del latín *protectio* o, que significa "acción y efecto de proteger" (resguardar, defender o amparar algo o a alguien). La protección es un cuidado preventivo ante un eventual **riesgo** o **problema**.

- Debe sentirse necesitado.
- Está al pendiente de los demás.
- Cuida de todo el mundo.
- Ama demasiado.
- Tiene espíritu de sacrificio.

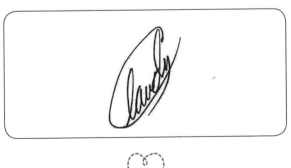

Personalidad fuerte
- Defiende sus ideas.
- Habla fuerte y de frente.
- Responde rápidamente.
- Tiene más fe que miedo.
- Pone "altos" muy rápido.

¿Te valoras como persona?

Me suena cursi la frase "amor propio", me parece un asunto de falsos profetas. Te enseñan a querer a los demás, pero no a quererte. Recuerda que **quererte es conocerte**.
Escribe la palabra " amándome"

La zona media refleja qué tanto te valoras.

Revisa los resultados

Demasiado grande y redondo
- Tiendes al narcisismo, eres de ego muy grande

Demasiado junto y anguloso
- Estás enojado contigo, te recomiendo escribir más suelto.

Letra aplastada
- Aparentas más seguridad y confianza de la que realmente tienes.

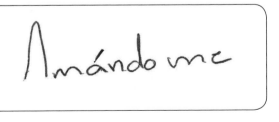

Mayúsculas y minúsculas proporcionadas y medianas
- El equilibrio perfecto. Te valoras y eres objetivo.

Súper pequeño
- Demuestras inseguridad, timidez, introspección, no te valoras.

¿Qué tipo de pareja eres?

Para saber qué tipo de pareja necesitas, debes conocer cómo son las personas y cómo eres tu. Te ofrezco algunas características.

Independiente
- Eres completamente independiente, no te comprometes con facilidad.
- Te da miedo el "para siempre", así como sentirte atado.
- Tu pareja debe darte espacio y autonomía, no asfixiarte.

Usas corazones en lugar de puntos.
- Escribes redondo.
- Eres soñadora, romántica, emprendedora, tal vez de clóset.
- Fíjate que tu pareja ponga signos de puntuación correctos para que sea igual de detallista.

Sexual muy sexual

- Si las partes bajas son lo que más sobresale de tu firma, es porque eres caliente.
- Fíjate que tu pareja tenga las partes bajas de la letra (y si se puede en general muy muy grande o te vas a aburrir).

Mente empresarial

- Si tu firma tiene números y además son más grandes que la letra, para ti el matrimonio es un negocio.
- No te fijes en la letra de tu pareja, mejor en su cuenta bancaria.

Protector
- Encierras la firma.
- Eres una pareja muy protectora.
- Te gusta cuidar, por eso la gente acude siempre a ti.
- Busca que tu pareja escriba hacia la izquierda para que se deje cuidar.

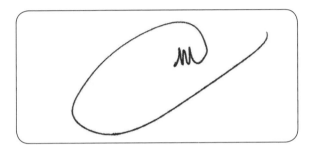

Carácter fuerte
- Escribes fuerte y anguloso.
- Tienes de dos: si buscas emociones fuertes, que tu pareja escriba igual.

CAPÍTULO 2
Autovaloración

¿Cómo valorarse y amarse?

Si constantemente criticas todo de ti, estás minimizando tus cualidades, incluso estás pensando que no tienes nada bueno y que todo en ti es horrible. Te tengo noticias: eso que piensas de ti es una MENTIRA absoluta, pero por desgracia es lo que comunicas y proyectas. Con esta actitud, te conviertes en un débil emocional y te aseguro que aunque los demás reconozcan tus talentos, tu falta de autoestima y tu carencia de amor propio harán que, en el mejor de los casos, los demás te ignoren o que las personas te usen como papel sanitario, en el peor de los escenarios.

Destruye esa voz crítica que te recuerda el grano que te salió, la voz que te dice tonto o que no puedes.

Cuando te mires en el espejo quiero que por primera vez no te veas la lonja, concéntrate en lo más bonito de ti.

Deja de escuchar los comentarios negativos de quienes te rodean, aprende a vivir con la crítica, ¡bienvenido al mundo!

No busques la aprobación de los demás.

En una libreta anota todos los días cinco cosas buenas que te pasaron y cinco cosas bonitas sobre tu personalidad, ya sea en color **naranja** o **morado**, **naranja** para la alegría y **morado** para el cambio. Tú eliges.Eso sí, escribe la zona media de la palabra más grande (grafoterapia).

○
○ Me comí un brownie.
○
○ Hice ejercicio.
○ Me reí.
○
○ Me levanté tarde.
○
○ Estoy VIVA.
○
○

○
○ Soy chistosa.
○
○ Bailo muy bien.
○
○ Tengo ojos increíbles.
○
○ Amo mis piernas.
○
○ Soy hot.
○
○

La zona media más grande = más grande

CAPÍTULO 3
¡Es un patán, reconócelo!

¿Cómo reconocer a un patán?

"Las mujeres amamos a los patanes", he escuchado esta frase más veces en mi vida que el padrenuestro, y mira que estudie en una escuela de monjas. Justo en estos días me di cuenta de que no amamos a los patanes, sino que las mujeres amamos la seguridad y los patanes, en un primer momento, aparentan tenerla... y de sobra.

Además, por desgracia, la mayoría son varoniles. En cambio, el chico inseguro y tímido está destinado a quedarse en la zona de la amistad. De ninguna manera digo que los patanes sean seguros, más bien, **aparentan serlo**. Por eso hay que tener el instinto adiestrado y su letra a la vista, porque recuerda que no todo lo que brilla es oro.

Antes de continuar, me gustaría que respondieras qué es un patán para ti.

Este ejercicio también lo hice por Twitter en mi dirección @grafocafe, les solicité a mis seguidores que me dieran las definiciones de patán, y esto fue lo que contestaron.

Y la grafoencuesta dio los siguientes resultados.

Maryfer Centeno @Grafocafe 26 de agosto

¿Te has enamorado de un patán?

⟶ 8   ↻ 1   ♥ 8

☑ 74% contestó que sí.
✖ 26% contestó que no.

Maryfer Centeno @Grafocafe 26 de agosto

¿Has salido con un patán?

⟶ 8   ↻ 1   ♥ 8

☑ 73% contestó que sí.
✖ 27% contestó que no.

Antes de que interpretes estas cifras alarmantes es importante que sepas lo siguiente: nadie en la primera cita dice: "Hola, soy un patán, aléjate de mí." No obstante, se sabe que alrededor de 74% de las mujeres nos hemos enamorado de algún patán.

Por eso es importante que cheques la letra, y si te vas a involucrar con un patán, sólo te digo que... bajo advertencia no hay engaño.

¿Cómo detectar a un patán?

Si en la carta de amor escribe groserías, ¿qué esperas cuando se enoje?

- No sube tu foto a Facebook, aunque tenga una relación contigo.
- No te presenta como su novi@.
- No firma los recados.

Patán coqueto
- Le tira a lo que se mueva, sea guap@ o tenga cara de nopal.
- Firma grande, rápido y garigoleado.

Patán violento

- Tiene triángulos en su letra.

Patán codo

- Tiene números grandes y juntos.
- No desperdicia espacios.

Patán ratero

- Deja muchos espacio y las partes bajas abiertas.

CAPÍTULO 4
¿Y qué hay con las interesadas?

¿Cómo reconocer a una interesada?

Es absolutamente cierto que muchas personas prefieren el dinero al amor. Por eso no es raro ver a esos señores feos, sí, ¿por qué no decirlo?, con una mujer mucho más joven y bella. ¿Cual es la razón? Generalmente el dinero, ya que hay pocos casos de gerontofilia o traumas por ausencia de los abuelos. Esto también pasa entre mujeres. Tengo una amiga muy querida, una señora guapa, actriz exitosa, que se enamoró de la persona equivocada. Este individuo (porque "hombre" es una palabra que le queda grande) trató de quitarle TODO: la escuela que juntos crearon, sus casas, sus coches, TODO. ¿Esta historia te suena conocida?

El enamoramiento nos ciega, nuestras fantasías parecen tan reales, que hacemos lo que sea con tal de seguir engañándonos, de seguir con esa terrible falsedad, usando lentes rosas para ver la vida, que está lejos de ser de ese color.

Sobre este tema también hice una grafoencuesta. Te presento los resultados.

✓ 43% contestó que sí.
✗ 57% contestó que no.

✓ 51% contestó que sí.
✗ 49% contestó que no.

¿Cómo explicarle al corazón que esa persona no te quiere a ti, sino a tu dinero?

Checa si estas actitudes te cuadran:

- Esa persona quiere regalos, detalles y se justifica diciéndote: "Es que soy tan romántic@."

- NUNCA paga, NUNCA invita nada.
- Tus gastos han aumentado considerablemente desde que entró a tu vida.
- Le compraste celular.
- La vanidad y el egoísmo son claves para definir su personalidad.
- Esa persona pide que pongas a su nombre una propiedad tuya o tu coche.
- Esa persona presume tus cosas, y no me refiero a tus atributos físicos.
- Esa persona sube muchas fotos de todo lo que hacen, pero extrañamente muy pocas veces sales tú, incluso nunca sales.
- Esa persona te recompensa con sexo, pero tarda mucho en acostarse contigo.
- Esa persona pregunta sobre tu situación financiera de modo sutil.
- Esa persona pide que l@ lleves y l@ traigas, de alguna forma eres su chofer.
- Esa persona es muy territorial, defiende lo suyo a como dé lugar.
- La gente que te rodea te dice "No me gusta para ti."
- La gente que te rodea te dice: "Te está usando."

Pero si aún dudas, revisa su letra.

- Si sus números son más grandes que su letra… ¡LE IMPORTA MÁS EL DINERO QUE LO PERSONAL!

- Si en las cartas de amor las palabras relativas a viajes y objetos son más grandes, es porque eso la estimula a estar contigo.
- Su firma tiene un signo de pesos al principio.
- Revisa esta carta para encontrar los seis elementos y saber si la persona es interesada o siente verdadero amor.

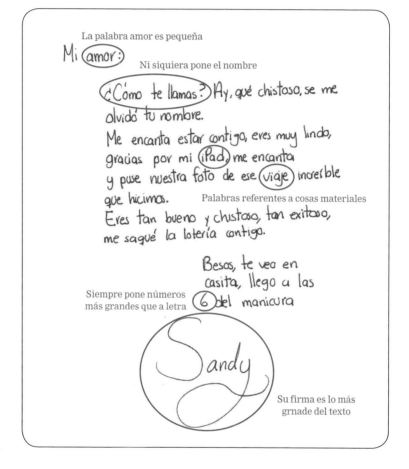

La palabra amor es pequeña

Mi (amor):

Ni siquiera pone el nombre

¿Cómo te llamas? Ay, qué chistoso, se me olvidó tu nombre.

Me encanta estar contigo, eres muy lindo, gracias por mi iPad, me encanta y puse nuestra foto de ese viaje increíble que hicimos. Palabras referentes a cosas materiales

Eres tan bueno y chistoso, tan exitoso, me saqué la lotería contigo.

Besos, te veo en casita, llego a las

Siempre pone números más grandes que a letra 6 del manicura

Sandy

Su firma es lo más grnade del texto

¿Notas el enorme signo de pesos? Sí, ya sé que dije que los números o el signo de pesos en la firma es dinero, pero una cosa es el toque del rey Midas, que significa visión, habilidad e inteligencia para las cuestiones económicas, y otra muy diferente que TOOODA la firma contenga signos de pesos.

Si este signo en la firma es enorme, se trata de una persona interesada; y si la firma es demasiado ascendente, además es TREPADORA. Tú dirás…

CAPÍTULO 5
¿Por qué tus relaciones no funcionan?

Ser pareja

Sé que todos intentamos dar lo mejor en nuestra relación, pero nadie nos enseña a ser pareja, en el amor aprendemos equivocándonos. Tal vez por eso se dice que **al primer amor se le quiere más y a los que siguen, mejor**.

Como mujer, me doy cuenta de que mi pareja saca lo mejor y lo peor de mí. Sin embargo, hay características de nuestra personalidad que hacen que la gente se canse y las relaciones simplemente no funcionen.

Te muestro algunas de ellas.

1. Personalidad controladora

Manda y ordena todo a las personas de su entorno, les dice qué hacer y cómo. Quiere controlar todas las situaciones en las que se encuentra, lo que genera MUCHA FRUSTRACIÓN. Todo lo planifica, todo lo planea, calcula y organiza según lo ha decidido, con **rigor** y carácter de **obligatorio**.

GRAFOTERAPIA
Si éste es tu caso, escribe más a la derecha,
más suave, no tan vertical.

2. Personalidad exagerada

Lo suyo, lo suyo, es el teatro. Puro teatro, todo lo exagera. Suele decir frases como: "No se te puede decir nada." Esas personas se toman todo muy personal y actúan como si se tratara del fin del mundo. Quieren controlar hasta lo incontrolable, se preocupan demasiado por las cosas que pasan o no pasan. Para ellas, todo es fatal y usan la palabra "intensa" para definirse.

GRAFOTERAPIA
Para combatirlo, escribe más suave y menos ancho.

3. Personalidad invasiva

Es seguro que ya revisó todas sus redes sociales y *stalke*ó a su últim@ conocid@. Finge sorpresa cuando le cuentas algo de tu vida que, obvio, ya sabía, porque lo investigó. Estas personas piensan que no son invasivas, sino que sólo están pendientes de los demás. Por eso mandan 30 mil mensajes al día, mueren por conocer la vida de los demás. Son insistentes, provocadoras y, por supuesto, excelentes estrategas para seguirle el paso a cualquiera. Pero eso termina por ahuyentar a los demás.

4. Personalidad rencorosa

Mi amigo, Javier Carranza, mejor conocido como El Costeño, me dijo una frase maravillosa que se me quedó muy grabada porque está llena de verdad: "El rencor es un veneno que se come uno esperando que le haga daño al otro.

"Una persona rencorosa no perdona ni olvida, no suelta el pasado y tampoco aprende de él. Confunde el orgullo con la dignidad, piensa que todo es blanco o negro, cree en las conspiraciones y, por supuesto, piensa que todos están en su contra.

Sé que cuesta mucho reconocer que eres así, pero no puedes amar si estás lleno de rencor y de enojo.

5. Personalidad insegura

Quien tiene esa personalidad suele expresarse así: "Soy fea, tonta, tengo miedo, yo no puedo. Pobre hombre pues conmigo se conforma, tiene razón, no lo merezco."

Tanto autosabotaje acaba contigo, nadie te valorará si no te valoras.

> **GRAFOTERAPIA**
> Escribe con letra GRANDE y en color ROJO: "(TU NOMBRE) A PARTIR DE HOY Y PARA SIEMPRE Y NO ME SENIRÉ MENOS QUE NADIE."

6. Personalidad ansiosa

Lo acepto, ¡a mí me pasa! Siempre me quiero adelantar y eso impide disfrutar el momento. Por ejemplo, acabas de conocer a alguien y ya te imaginaste la boda, los bebés o las vacaciones juntos. Te adelantas cuando aún no ha pasado nada, tal vez sólo quiere un acostón y tú ya estás con la cabeza a todo lo que da. PACIENCIA, UN PIE TRAS OTRO PIE.

> **GRAFOTERAPIA**
> Escribe más despacio. Tranquiliza tu mano y tu mente, así se calma el mundo.

Ser muy controlador@
- Tu letra perfectamente vertical, tus signos de puntuación son correctos y perfectos.

Ser muy exagerada
- Letra muy ancha.

Ser invasiva
- Cuando firmas o escribes no respetas los espacios definidos.

Ser rencoros@
- Tu firma empieza con un gancho.

Ser insegur@ y sin amor propio
- Letra aplastada.

Ser ansios@
- Letra muy rápida.

CAPÍTULO 6
¿Qué piensa de ti el sexo opuesto?

La imagen que das

Es cierto que todos nos hemos hecho esa pregunta. Pero recuerda que la firma es el yo social, cómo me muestro ante los demás. Si quieres saber qué imagen das, debes revisar tu firma. ¿Te atreves?

¿Por qué la firma? Porque se trata de la representación social, el cómo quiero que me vean los demás. Cuando firmas, proyectas la imagen social que quieres dar. Todos tenemos firma. En realidad, la firma debería ser tu nombre, pero en México a ese garabato que tanto nos desgasta le llamamos firma; en otros países sería rúbrica. Revisa tu firma y te darás cuenta de cómo te ven los demás. Seguramente te llevarás sorpresas.

¿Letra alta?

Eres una persona sumamente racional, los demás te consideran intelectual, a veces un poco frío, pero siempre con una perspectiva objetiva y clara. Llegas a ser idealista y buscas constantemente la manera de dejar una huella en el mundo.

Tus procesos mentales son acelerados y te gusta actuar con rapidez.

Firmas chiquito

Tu capacidad de observación y de análisis es impresionante. Sabemos que no eres el más sociable, pero sí el más sensible y tu monólogo interior no se detiene nunca.

Lo que más te apasiona es analizar, comprender y acumular conocimientos. Tiendes a ser independiente y autosuficiente.

Firma grande

Eres sociable, líder y muy intens@; soportas todo menos la indiferencia. Te gusta llegar a un lugar y que todos volteen. Le temes a la soledad y a la humillación. Tu ego es grande, igual que tu capacidad para relacionarte. Tienes excelentes tácticas de seducción.

¿Tachas demasiado tu firma?

Te complicas mucho la vida, eres vanidos@, le das muchas vueltas a las cosas, te culpas y a veces prefieres tener un fan que una pareja. No aceptas la crítica, eres obsesiv@ y sin intención generas conflictos sin motivo. Pero eso sí, eres muy creativo y muuuuy sensual.

Lo que más resalta son las partes bajas y además la rapidez

Está claro que todos piensan que eres muy caliente y que tu vida gira en torno al sexo.

CAPÍTULO 7

¿Cómo saber si le gustas por WhatsApp?

El ligue en redes

Los tiempos han cambiado, el ligue se ha transformado, las redes sociales se han vuelto un arma infalible para conquistar a una persona. Es el acercamiento a su sentido del humor, a sus amigos, por eso ponemos *like* en Facebook o retuiteamos en Twitter. Pero, ¿cómo saber si le gustas por WhatsApp? Aquí revísalo.

1. Analiza

Hola guapísima, me estaba acordando de ti. Que tengas buen día.

¿Te manda mensajes en la mañana?
¡LE GUSTAS!

2. No te contesta

NO LE INTERESAS
Esta leído

Recuerda que un *whats* sin contestar dice más que mil palabras.

3. ¿Te invitó a salir?

¡LE GUSTAS!

4. ¿Aceptó de inmediato?

¿Dijo que otro día? Se está haciendo el/la difícil... No te preocupes, de que cae, cae.

Se hace el/la dificil pero le gustas

5. ¿Está jugando contigo?

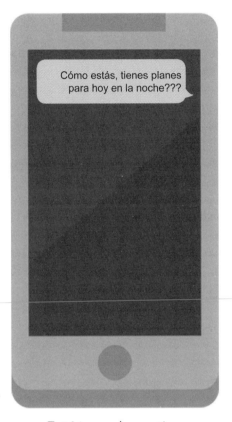

Está jugando contigo.
Está en línea pero
NO VA A CONTESTAR

6. ¡No le interesas en lo más mínimo, te contesta que NO y te pone *bye*!

BATEADO

Al respecto, sólo te digo: **por dignidad ya no insistas**.

7. Si ya salieron, ¿esa persona te escribió algo?, ¿qué pasó después?

Gracias por la compañía!!!
La pasé muy bien!!!

¿Se volverán a ver?
¡LE GUSTAS!

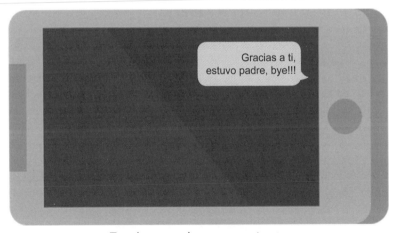

Gracias a ti,
estuvo padre, bye!!!

En el segundo acercamiento
¿Te buscó? o ¿Tú l@ buscaste?

8. ¿Te tardaste quince minutos en escribirle y te contestó ok?

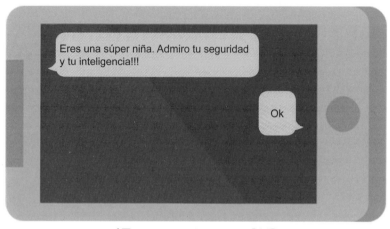

¿Te contestó con un OK?
NO PIERDAS EL TIEMPO

9. ¿O te siguió la conversación?

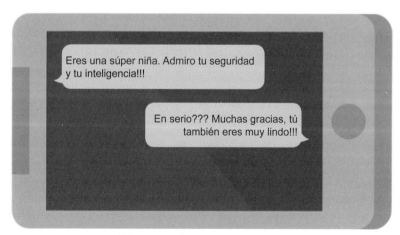

¿Te sigue la conversación?
¡LE GUSTAS!

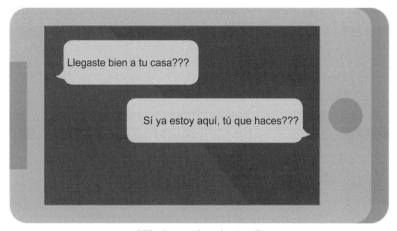

¿Te hace la platica?
¡LE GUSTAS!

10. ¿No contesta? No le interesas.

Pero, por favor, si quieres ligarte a alguien, nunca en la vida hagas algo así:

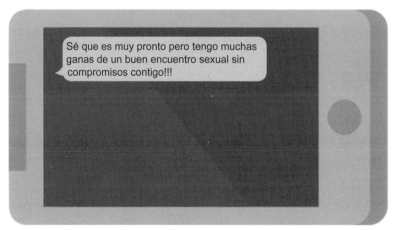

¿Es real?
¿Alguien piensa que esto seduce?

Nunca, jamás en la vida, cuando quieras ligarte a alguien uses: reina, chiquita, *baby*, estás bien hermosa, eres una sabrosura, chiquitamamá, ¡no, por favor, eso es horrible!

Y mujeres:

No manden veinte mensajes con signos de interrogación ¿?????¿¿

Por último, si no te contesta a los cinco minutos, no escribas: "¿Estás bien?"

CAPÍTULO 8

¿Qué tan sensual eres?

¿Eres sensual? ¿Qué tipo de ropa interior te gusta?

¿Y qué tiene que ver esto con dibujar ropa interior? Igual que la sensualidad, durante muchos años hubo temas secretos, como si se tratara de algo malo.

Hoy sabemos que el sexo es natural, debemos aprender a disfrutarlo y, sobre todo, a aceptarnos como somos.

GRAFOTERAPIA
Escribe con letra más grande y en color rojo. Atrévete a hacer lo que no te has atrevido: saca tu sensualidad. A partir de hoy usa pura tinta de gel.

¿Qué tan sensual eres?

Dibuja la ropa interior que usas.

¿Usas calzón de abuelita?
No te espantes, no tiene nada de malo. Es un hecho que resulta muy cómodo y te has vuelto despreocupada; o a veces no te sientes lo suficientemente bonita y sensual para cambiar, si te gusta la diversión. Sin embargo, aunque estés consciente de que el físico no es lo más importante, muchas veces te has descuidado.

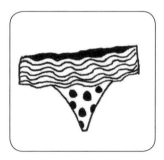

Tanga
Quizá te gusta usar ropa interior diminuta, como la tanga, y así te sientes revolucionaria, aventada, segura de ti misma, extrovertida, sociable, por lo que siempre consigues lo que quieres.

De repente, no tienes límites y te encanta provocar reacciones y usas bikini. Eres práctica, mujer de soluciones. Entonces, tienes una enorme capacidad de adaptación, te gusta compartir con amigos y familiares, eres responsable y has logrado un gran equilibrio.

Hipster o cachetero

Te gusta ser diferente, independiente, prefieres ser jefa a subordinada, te gusta la responsabilidad y a veces te consideran dura al tomar decisiones, pero tienes fuerza y valentía.

Encaje

Así o más sensual. No sólo te gusta provocar, sino sentirte bonita, muy deseada. Eres una persona que conoce el arte de la seducción y de la feminidad; sabes perfectamente que ser mujer es un arma extraordinaria que puedes utilizar a tu favor. Ade-

más, la coquetería es tu fuerte en la vida, en el trabajo y, en general, eres buena vendedora de ideas y productos.

Boxer

Eres el caso contrario al anterior, te gusta ser fuerte pero a veces tienes miedo a aceptar tu propia debilidad. Consideras que debes verte masculina, si te gusta andar cómoda, pero temes a tu fragilidad. Eres el caso típico de corazón de pollo.

En conclusión, la sensualidad es natural e inherente a los seres humanos. La cosa es aprender a reconocerlas para disfrutar no sólo de la sexualidad, sino también de los placeres que nos ofrece a diario la vida: caminar, ver los árboles, platicar con alguien. La sensualidad tiene la palabra, por lo tanto todo aquello que te haga sentir tiene que ver con la aceptación y el desarrollo de tu sensualidad.

¿Cómo está tu vida sexual?

Dibuja una boca

1. Miniboca
- Estás reprimido sexualmente.

2. Enseñas los dientes
- Estás siendo muy agresiv@, sexualmente tienes mucho coraje.

3. La parte arriba de los labios es más grande

- Estás siendo más sexual que romántic@.

4. La parte baja de la boca es más pequeña

- Eres romántic@, pero no estás satisfecho con tu vida sexual.

5. Boca abierta

- Eres gritona en la cama, con gemidos.

6. Lengua de fuera

- Te gusta provocar aunque no te metas a bañar.

7. Boca con barba

- Quieres llevar el control.

Para saber si es tu pareja ideal, en cuanto a sexo se refiere, escribe la letra "g". Así que: Dime que "g" eres y te diré quién eres.

Compatibilidad sexual

 Los dos son igual de calientes.

 Uno es muy sexual y el otro es muy romántico.

Se van a llevar muy bien, pero, *aguas*, dominante, no vayas a lastimar al rapidito.

 Juegos innovaciones. Las Sombras de Grey se van a quedar cortas.

 Excelente, serán deportistas de alto rendimiento.

 Uno de los dos se va a aburrir mucho.

 Compatibles, los dos son dominantes y siempre en la misma posición.

 No hay compatibilidad.

 Ambos son compatibles y conservadores.

Para saber si es tu pareja ideal, en cuanto a sexo se refiere, escribe la letra "g".

Así que: dime que "g" eres y te dire quién eres.

CAPÍTULO 9

¿Cómo encontrar pareja y salir de la soltería?

¿Qué prefieren hombres y mujeres?

¿Qué les gusta a los hombres de las mujeres? Ellos no buscan una mujer perfecta sino de una de una carne y hueso y, dicho sea de paso, con más carnes que huesos. Marilyn Monroe decía que la imperfección es belleza, la locura es genio y que es mejor ser absolutamente ridículo que absolutamente aburrido.

A los hombres les gustan las mujeres espontáneas, que sorprendan.

Los hombres son cazadores por naturaleza, es decir, prefieren buscarte a que los busques.

La frase, "la mujer debe ser rogada y no rogona", indica que no debes pedir amor, y a otra cosa mariposa.

A los hombres les gusta negociar; a veces, es necesario hacerles caso y otras no tanto, así se mantienen atentos a lo que necesitas. Es mentira que ellos se enamoran del alma o de tu luz interior, desde el primer momento el impacto es **físico**.

Algunas investigaciones destacan que el cerebro de los hombres está programado para sentirse atraído por las mujeres con mayor capacidad reproductiva.

Veamos.

Boca

Los hombres buscan labios sensuales, suaves, hidratados, listos para un beso.

Cabello

Ellos prefieren las cabelleras abundantes, frondosas, con movimiento. Esto se vuelve sumamente atractivo, un pelo sano y largo es más sexi que un cabello corto.

¿Qué le atrae al cerebro?

Simetría de cara, nariz y orejas pequeñas, piel rosada y tersa. Medidas proporcionadas, aunque caderas grandes.

No les importa tanto el tamaño, sino que haya proporción entre cintura y cadera.

Les gusta más el cuerpo en forma de pera.

A los hombres les gustan las caras aniñadas porque indican fragilidad y ellos, como cazadores, quieren cuidar.Buscan una sonrisa agradable, no sólo porque refleja felicidad ante la vida, sino porque los cautiva y resalta tus mejores facciones.

Los pechos les gustan firmes y paraditos. Nada que un buen *bra* no pueda hacer.

Las nalgas... carnosas, abundantes y tonificadas.

Ellos no se trauman con la celulitis ni con el gordito de la cadera. Las mujeres de ojos grandes y pupila dilatada aumentan su atractivo.

Les gusta que seas más bajita que ellos, por lo general, y ¡también las curvas!

Y, por último, la mujer que se viste de rojo tiene más posibilidades de ligar.

¿A las mujeres qué nos gusta?

Los hombres limpios, aseados que huelan rico, con una sonrisa y dientes sanos, no perfectos, pero definitivamente odiamos el mal aliento.

También nos gusta la barba, da una sensación de ser varonil y sensual. En general, a las mujeres que les gustan los hombres mayores, las barbas les parecen sensuales.

No nos atraen mucho los músculos súper enormes y esculpidos, preferimos un cuerpo proporcionado, incluso con algún kilo de más, pero sin abusar.

Les juro que yo no, pero un gran porcentaje de mujeres se fijan en las nalgas de los hombres, ya que dicen que hay relación entre un buen trasero y ser bueno en la cama: el hombre con un trasero firme ejerce mayor presión al momento de hacer el amor.

Las mujeres nos fijamos en la forma de vestir de un hombre, no solamente que esté limpio, sino que sepa combinar su ropa.

No nos gustan los niños malos ni los niños buenos; nos gustan los hombres varoniles y seguros, con tono de voz fuerte y firme, que hagan reír y ayuden a solucionar problemas. Como dicen algunas: "Si no te da, que no te quite."

Nos gustan los que tienen mascotas.

Y, como ya dije, la barba **cuenta**. Una investigación de la Universidad del Sur de Gales, publicada en *Evolution & Human Behavior*, afirma que un nivel intermedio de barba, de unos diez días más o menos, hace que el hombre sea más **atractivo,** mientras que uno que presenta una barba frondosa es percibido como mejor padre y protector de la familia.

Qué nos revela el rostro

Los hombres son más atractivos cuando tienen la cabeza levemente inclinada hacia un ángulo lateral, en alto y con el mentón hacia arriba. Eso asegura un estudio publicado en la revista *Evolutionary Psychology*.

Un hombre que huele bien es sumamente sexy.

Y no olvidemos que la mujer seduce con el físico, el hombre con poder.

¿Qué transformar en ti para ser mas sexy y salir de la soltería?

Aquí la grafoterapia es tu amiga: cambia un rasgo de tu escritura para mandarle información diferente a tu cerebro, encenderás zonas apagadas y despertarás rasgos de conducta apagados.

Jorge Bucay dice: "Sólo sabiendo quiénes somos podremos empezar a ser mejores para nosotros mismos y los demás."

Siéntete sexy, ser sexy no es una apariencia definida, es una actitud que adoptamos ante la vida y ante el sexo opuesto. Es disfrutar tu cuerpo, tus formas, reconciliarte contigo, sentirte cómoda en tu piel, reírte sin pena y a carcajadas.

Deja de dar miedo al sexo opuesto.

¿Por qué te teme el sexo opuesto?

Es cierto que actualmente las mujeres hemos tomado una posición dominante económica y socialmente, tan es así que hay mujeres que gobiernan naciones. Según las estadísticas, en México muchas mujeres mantienen su hogar. Sin embargo, suelen atemorizar a los hombres. No adoptemos una postura de superioridad, la cual nos indica que tenemos miedo a enamorarnos porque seguimos pensando que el amor es para los débiles.

Piensa si en realidad quieres tener pareja o sólo te pones un caparazón para que no te lastimen. Si es así, modifica ese rasgo temeroso que se refleja en tu escritura, para transformar tu personalidad. Es importante reconocer que tienes miedo y que enamorarte no te quita carácter ni fortaleza, al contrario, vivir en pareja te hace conocer más cosas de ti y te hace crecer.

Deja de encerrarte en ti

Quizá en un momento de la vida fuiste lastimada y desarrollaste un mecanismo de defensa para protegerte, pues no quieres que te dañen otra vez.

Sin embargo, esa actitud contribuye a vivir en la prisión de tu mente. Tal vez nadie te haga daño, pero sigues encerrada porque piensas que así nadie te ayudará ni compartirá contigo lo que eres, lo que sabes y lo que sientes.

Ese mecanismo provoca problemas para conectarse con los demás. Por eso te cuesta trabajo entablar relaciones, y no sólo de pareja, también amistosas.

No te preocupes, empieza de cero con experiencia y aprendizaje. Y sobre todo bájale a tu *URGIDEZ*.

- No saques el vestido de novia, ni le digas que es tu último chance para tener hijos.
- Escribe más despacio, calma tu mente.

Yo sé que no es fácil aceptar que estás urgida, pero es bueno reconocer que estás un poco desesperada por sexo, amor, afecto, compañía, etcétera.

Cuando esto ocurre, toda muestra de amor que no sea para ti te molesta. Mandas mensajes muy visibles: no te depilas ciertas zonas, te enteras de la vida de los demás, te enamoras más rápido pero también te enojas más rápido.

Atrévete a salir de la friend zone.

¿Alguna vez escuchaste una canción feliz que se llama *Quisiera*? "Soy tu mejor amigo, tu pañuelo de lágrimas, de amores perdidos." OBVIO, LA CONOCES, es el *sound track* de tu vida.

Generalmente, quienes viven en la *friend zone* tienen letra chiquita, porque puede más su miedo al rechazo y a perder a alguien, que las ganas de amar.

Aquí viene tu grafoterapia.

Deja de dar miedo al sexo opuesto
- Tus ángulos en la firma reflejan intensidad, fuerza, pero también resistencia.
- Das miedo, intimidas.

Recomendación
- Escribe más suave, sin ángulos.

Quítale ese horrible círculo a tu firma.

- Las líneas debajo significan que vas a lo seguro. Encerrar tu firma es encerrarte.

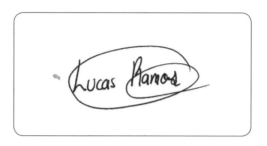

Atrévete a salir de tu friend zone.

- Escribe más grande y hacia arriba. Estoy significa más seguridad y valentía.
- Una firma pequeña refleja lo inseguro que te sientes, y el sexo puesto odia a los fracasados.

CAPÍTULO 10
¿Cómo conquistarlo@?

La persona que te gusta ¿en qué aspecto se fija?

Primero recuerda que seducir es también un arte y por lo tanto requiere una estrategia.

Revisa su letra y descubre los aspectos prioritarios para esa persona, así sabrás exactamente por dónde llegarle.

Si es intelectual, su letra será muy alta

Seducel@ así:

- No te intimides, muéstrate atenta a la conversación y segura de ti misma.
- Infórmate en el periódico del día, editoriales, críticas, opiniones. Repito: INFÓRMATE.
- Lee, por favor lee y no sólo la contraportada de los libros, sino uno completo. Explota el conocimiento.
- Busca datos de cultura general. No hay nada mas sexi que una persona con tema de conversación.

- Vuélvete cinéfilo.
- No tomes la vida muy en serio, una persona inteligente valora la inteligencia emocional.

Es emocional y romántic@ si la zona media es lo más grande de la letra.

Sedúcel@ así:

- Mándale mensaje de buenos días, buenas tardes y buenas noches.
- Ser atento nunca pasa de moda.
- Envíale flores, bombones y chocolates.
- Cocina su platillo favorito.
- Escribe cartas de amor.
- Escucha lo que tenga que decirte.
- Recuérdale lo bien que se ve hoy.
- Crea una *play list* con las canciones que te l@ recuerden.
- En algunas personas la adulación funciona muy bien.

¿Pero qué pasa si lo más grande es la parte baja de su letra?

- ¡No pierdas tiempo y acuéstate con él o ella! Créeme, no opondrá resistencia, pero tampoco esperes amor eterno.

CAPÍTULO 11
Sexo, sexo, sexo, ¡sexo!

¿Te falta sexo?

> El sexo forma parte de la naturaleza,
> y yo me llevo de maravilla con la naturaleza.
> Marilyn Monroe

Me gustaría compartir lo que escribí en mi blog de *Excélsior* porque muchos se sintieron aludidos.

SEÑALES QUE INDICAN QUE TE FALTA SEXO.

1. Se te olvidan constantemente las cosas. El sexo ayuda a oxigenar el cerebro.
2. Piensas mucho en sexo.
3. Las personas te tachan de seri@.

4. Leíste todos los libros de *50 sombras de Grey* y te prendiste.

5. Hace mucho que no te depilas ciertas zonas.

6. Has descuidado tu aspecto físico.

7. Cuando ves parejas felices y asistes a una boda te sientes ligeramente incómod@.

8. El sexo ayuda al sistema inmune, y últimamente te has enfermado mucho.

9. Criticas constantemente las demostraciones eróticas entre parejas.

10. Andas de mal humor. No olvides que la falta de sexo afecta el humor en las personas.

11. Te dicen que te ves más grande de lo que realmente eres. Cuando tienes sexo, tu cuerpo libera hormonas que te hacen ver mejor.

12. Tienes acné. Cuando tienes una relación sexual produces progesterona, hormona que ayuda eliminarlo.

13. Criticas y te irritas con facilidad. No te gusta el mundo porque te faltan endorfinas.

14. Tomas más medicinas que antes y te duele el cuerpo. El sexo es un analgésico natural.

15. No te sientes guap@ ni desead@.

16. Dudas constantemente de tu físico.

17. Has perdido flexibilidad, tu cuerpo no tiene condición.

18. **La** pareja ideal sólo existe en tu cabeza.

Si contestaste "sí" al menos a seis preguntas, es muy probable que necesites mejorar tu vida sexual.

No podemos perder de vista que culturalmente hablar de sexualidad sigue siendo un tabú. Y a veces da miedo experimentar. Sobre todo, no confiamos en nuestro cuerpo. Tenemos derecho a disfrutar de nuestra sexualidad de manera consciente y responsable.

Beneficios del sexo

- ¿Cuántas veces a las semana tienes sexo?
- ¿Cómo eres en la cama?
- ¿Cuál es tu posición sexual favorita?
- ¿Qué tal va tu vida sexual?, ¿es triste o plena?
- ¿Hay compatibilidad sexual con tu pareja?, ¿se llevan bien en ese aspecto?

De acuerdo con el portal Terra sabemos lo siguiente:

Una vez a la semana
Beneficiado: tu peso

El sexo hace que tu cerebro libere oxitocina, la cual estimula el sueño. ¿Sabes lo que eso significa? Entre más duermes, más calorías quemas. Es por eso que una relación sexual a la semana cambiará tu peso. El sueño regula las hormonas del hambre y no te permitirá comer más de lo que tu cuerpo necesita.

Dos veces a la semana

Beneficiado: tu sistema inmunológico

Las parejas que lo hacen dos o tres veces a la semana tienen 30% más de proteínas inmunoglobinas, las cuales protegen de distintas enfermedades. Los investigadores creen que los efectos postsexo cumplen un rol súper importante en mantenerte saludable.

Tres veces a la semana

Beneficiado: tu corazón

El sexo mejora el ritmo cardiaco y la circulación de la sangre. Las parejas que tienen relaciones sexuales tres veces a la semana presentan menos riesgo de sufrir un infarto. Si tu pareja o tú tienen problemas del corazón, primero consulten a su médico y luego vayan a la cama, pero no a dormir.

Cuatro veces a la semana

Beneficiado: tu piel

Quienes lo hacen cuatro veces a la semana se ven siete años más jóvenes que aquellos que sólo lo practican una vez. ¿La razón? El sexo produce hormonas de crecimiento que además de eliminar grasa, favorecen a la piel.

Cinco veces a la semana

Beneficiado: tu disposición

El sexo frecuente está vinculado con la energía, la concentración y el optimismo. Así que cuando no te estás divirtiendo con tu galán entre las sábanas, estarás de mal humor y tu desempeño en el trabajo no será el mejor.

Seis veces a la semana

Beneficiado: tu cerebro

Para ser más list@, tendrás que quitarte toda la ropa… o lo más que se pueda. Felicítate a ti y a tu pareja de estar en el número seis, ya que no solamente has de estar en buen estado de salud física sino también mental. Cuando tienes relaciones, la circulación de la sangre mejora y se liberan hormonas que le dan un empujón a tu capacidad intelectual. Incluso ayuda a la creación de nuevas neuronas.

Siete veces a la semana

Beneficiado: tu estado de ánimo

¡Guau! Si tú y tu pareja lo hacen todos los días, simplemente no hay palabras. El sexo regular reduce la ansiedad y produce endorfinas, las cuales te harán una de las personas más felices y saludables del planeta.

GRAFOTERAPIA

Responde las siguientes preguntas y escribe tu respuesta

- ¿Cómo eres en la cama?
- ¿Cuál es tu posición favorita?
- ¿Qué tal va tu vida sexual, es insatisfactoria o plena?

Compatibilidad sexual

- ¿Se llevan bien en este aspecto? Revisen sus letras "g"

CAPÍTULO 12
¿Cómo mejorar tu vida sexual y gozar más?

Tu vida sexual

Es difícil reconocer que nuestra vida sexual no es tan fantástica, intrépida o llena de aventura como nos gustaría. Sin embargo, estoy segura de que NADIE TIENE UNA VIDA SEXUAL PERFECTA. Nos damos muchas licencias cuando abordamos el tema, mentimos en cuanto a tamaños, elasticidad y aguantes, pero no disfrutamos el momento porque pensamos en muchas tonterías.

Sí, usaré esa palabra porque pensamos en cosas que no nos ayudan, como si estamos bonitas, si nos vemos en forma, que la celulitis, los gases vaginales y muchas cosas más. Pensamos en todo menos en disfrutar el momento. En cambio, los hombres no piensan en nada, quizá porque dejan actuar a otra parte de su cuerpo. Su cerebro es diferente o son más prácticos. Seamos honestos, si dos personas deciden tener relaciones es porque se atraen y se gustan tal como son.

¿Piensas que eres la única persona que no disfruta su vida sexual? Si checas esto en internet verás 696 000 resultados en 0.71 segundos. Por lo tanto, es una búsqueda frecuente, una pregunta común, de esas que se quedan en silencio, pero no quiere decir que no existan.

GRAFOTERAPIA

1. No dudes de ti. No le temas a tu cuerpo, acéptalo, cuídalo, quiérelo. Escribe en color **rojo**:

- Yo soy sensual
- Yo soy sexy.
- Yo soy deseable
- Yo soy cachonda
- Yo me gusto
- Yo me quiero
- Yo me acepto

Veintiún renglones, veintiún días de la frase que más te guste, la que hagas tuya.

2. Vive el momento, pon la mente en el aquí y el ahora. Este *tip* te ayudará en tooooodas las áreas de tu vida. Escribe en el centro de la hoja: "La izquierda es pasado, la derecha futuro".

3. Mastúrbate. Caray, no puedo creer que deba escribir esto, pero es información básica. La verdad es necesario que te conozcas, no es pecado, no es lo y no te hace mala persona. Según la ciencia, la masturbación:

1. Fortalece el sistema inmunológico.
2. Puede aliviar dolores.
3. Favorece la relación sexual porque te conoces y puedes decir: "¡ahí, ahí!"
4. No es sólo cosa de hombres.
5. Disminuye dolores y cólicos menstruales.
6. Te pone de buen humor y te hace más atractiv@.

Deja de sentir culpa, basta de la culpa porque hasta engorda, aumenta el cortisol, etcétera. La culpa paraliza y destruye.

Ahora escribe una g con la parte de abajo **más** grande y quítale esa raya a tu firma; sea lo que sea que signifique para ti, en grafología refleja culpa.

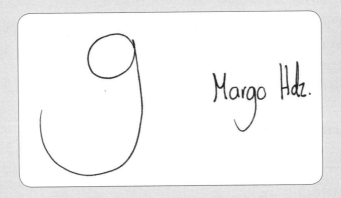

Esa súper g te hará más cachond@, te ayudará a sentir más rico y a disfrutar. Recuerda que, como escribí en *Grafomaniatics*, el placer se refleja en las partes de la letra.

Qué le gusta de ti y qué te gusta de él

Ojo: esta sección puede terminar en separación, así que léela bajo tu propio riesgo.

¡Por favor, por favor, no pases a la siguiente página!

Escribe en un hoja qué te gusta de tu pareja. No agregues nada, sólo toma la hoja y escribe.

De él me gusta:
- Cuerpo
- Ojos
- Personalidad
- Dinero
- Sentido del humor

De ella me gusta:
- Cuerpo
- Ojos
- Personalidad
- Dinero
- Sentido del humor

Y pídele a tu pareja que haga lo mismo. ¿Listos?

Resultados

¿Por qué esas palabras? Porque son palabras estímulos. La palabra *estímulo* tiene su raíz en el vocablo latino *stimulus*, uno de cuyos curiosos significados es *aguijón*. Esta palabra describe al factor químico, físico o mecánico que **consigue generar en un organismo una reacción funcional**.

Esto quiere decir que cuando tu pareja y tú escribieron esa palabra, diferentes zonas del cerebro fueron activadas, porque al momento de escribirlas se les imprimió una emoción.

Las palabras que escribieron más grandes son las que auténticamente les gustan de su pareja, y las más pequeñas, menos. Es una labor de observación: las palabras que puso temblorosa son las cosas que **no le gustan de ti**. Por ejemplo, si puso la palabra DINERO más grande, es lo que le gusta de ti.

Te advertí que leerías esta sección bajo tu propio riesgo.

¿Quién manda en la relación?

Escribe tus respuestas de acuerdo con las opciones

¿Van al cine?
- Mi pareja decide.
- Yo decido.
- Lo pensamos juntos.

¿Eres celoso?
- Mucho.
- Lo normal.
- Casi nada.

¿Tu pareja te impulsa a ser mejor?
- Todos los días.
- Eso es por mí.
- Al contrario.

Si truenan, ¿quién decide?
- Yo.
- Mi pareja.
- De mutuo acuerdo.

En un pleito, ¿quién pide perdón?
- Yo.
- Mi pareja.
- Los dos nos buscamos.

En las decisiones
- Estoy de acuerdo con lo que diga mi pareja.
- Yo decido.
- Lo platicamos.

Ahora revisa tu letra.

El que escribe más fuerte es el que más quiere dominar en la relación.

El que escribe más fuerte quiere dominar la relación

El que escribe más ligado es quien convence más y mejor en la relación.

El que escribe más ligado...

El que escribe más vertical es el más terco de la relación. Con vertical quiero decir "paradito".

El que escribe más vertical es el más terco

CAPÍTULO 13
Infidelidad

¿Tu pareja tiende a ser infiel?

Sobre este escabroso tema te presento la grafoencuesta y sus resultados:

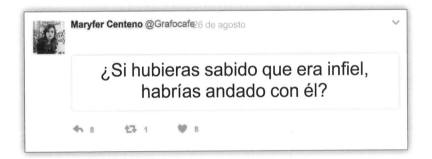

Maryfer Centeno @Grafocafe 26 de agosto

¿Si hubieras sabido que era infiel, habrías andado con él?

⟳ 8   ⟲ 1   ♥ 8

✅ 18% contestó que sí.
❌ 82% contestó que no.

☑ 17% contestó que sí.

☒ 50% contestó que no.

⊖ 33% contestó que depende.

☑ 19% contestó que l@ van a dejar.

☒ 81% contestó que nunca l@ dejará.

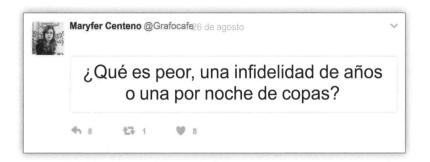

🔘 14% contestó que la noche de copas.

👥 86% contestó que la infidelidad de años .

✅ 19% contestó que sí.

❌ 81% contestó que no.

(i) 59% hombres.
(i) 41% mujeres.

✓ 42% contestó que sí.
✗ 58% contestó que no.

¿Por qué duele tanto la infidelidad?

La inseguridad afecta la autoestima, te hace cuestionarte muchas cosas. Vivimos la infidelidad de distintas maneras. Hay quienes incluso preguntan detalles y quieren saber tooodo; otros lo niegan y hacen como que no pasa nada o utilizan la infidelidad para hacerle la vida imposible a la pareja.

Existen muchos errores en el tema de la infidelidad. Pensamos que cuando hay amor no hay infidelidad. Cuando lo hay, la presencia de la infidelidad puede ser la primera y gran advertencia de que se debe reestructurar o reinventar la relación.

Es humano que después de cuatro años de acostarse con la misma persona se tenga el deseo de buscar algo más, de probar un sabor nuevo. No justifico nada, pero basta de golpes de pecho, hablamos de la naturaleza humana, no de conceptos ideales. Hay quienes aseguran que después de una infidelidad la relación mejoró.

Sin embargo, más allá del instinto o el deseo, existe la razón y el compromiso.

El argumento de que hay infidelidad porque "algo" faltaba en la relación, es una tontería: siempre faltará algo, pues no hay parejas perfectas.

Pero, ¿cómo registra el mundo el cerebro de un infiel?

Un artículo publicado en el *New York Times* confirma que cerca de 60% de los divorcios son provocados por una **infidelidad**. Esto lleva a preguntar: ¿qué hace a una persona infiel?, ¿cómo se activa el cerebro de una persona infiel?

Más allá de que esta acción sea vista como un problema **moral**, hay reacciones **químicas** en el **cerebro** de las personas **infieles**.

Generalmente, se sienten más atraídas por el **sexo** opuesto, disfrutan del **placer** y el peligro, lo cual puede convertirse en una **adicción**.

Verdaderas bombas mentales

El Instituto Nacional de Psiquiatría de México afirma que el placer emocional, la atracción física y el deseo sexual son los factores que hacen a las personas involucrarse en otra relación.

Cuando los infieles actúan, ciertas zonas de su cerebro se activan más de lo normal, como la amígdala cerebral, tálamo e hipotálamo, lo cual los lleva a sentir emociones como euforia, alegría, amor, apego, emoción, placer y a disfrutar el riesgo.

Gen responsable

Un estudio del **Instituto Karolinska de Estocolmo** asocia las prácticas de los infieles con un compuesto químico llamado **vasopresina**, producido en el **hipotálamo** y otras zonas cerebrales.

"Es la primera vez que se asocia la variante de un gen específico (alelo 334) con la manera en que los hombres se comprometen con sus parejas", asegura Hasse Walum, del departamento de Epidemiología Médica y Bioestadística del Instituto Karolinska.

Las investigaciones concluyen que cuando las personas tienen dos copias del gen alelo 334, experimentan más **crisis** de **pareja** y menor **satisfacción**, comparadas con quienes poseen únicamente una copia.

Otras investigaciones confirman que la **infidelidad** se asocia con una variación de la **dopamina D4**, neurotransmisor relacionado con comportamientos adictivos al riesgo. De acuerdo con un estudio, las personas con alteración de esta sustancia han tenido más parejas sexuales.

Por siglos, se ha explicado que la infidelidad depende de múltiples factores, como pasar mucho tiempo con una persona del sexo opuesto; por llenar un vacío en su matrimonio o por **erotismo**, aunque ahora la ciencia también busca su relación con la **actividad cerebral.**

Información extraída de la publicación *Salud*, núm. 180.

CAPÍTULO 14
Celos

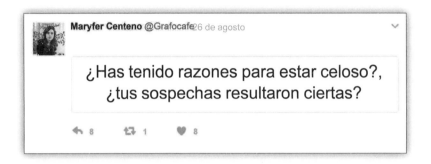

✅ 60% contestó que sí.
❌ 15% contestó que no.
➖ 25% contestó que alguna vez.

✅ 71% contestó que sí.
❌ 29% contestó que no.

○ 68% contestó que inseguridad.
○ 23% contestó que territorialidad.
○ 09% contestó que amor.

☑ 85% contestó que sí.
☒ 15% contestó que no.

Maryfer Centeno @Grafocafe 26 de agosto

¿Eres celos@?

↩ 8   ♻ 1   ♥ 8

☑ 68% contestó que sí.

☒ 32% contestó que no.

¿Qué pasa en el cerebro de un celoso?

Todos somos celosos en mayor o menor grado; incluso, quizá no seas celoso con tu pareja, pero sí con tu trabajo, tus cosas, tu coche.

El japonés Hideiko Takahashi hizo experimentos en los que pretendía encontrar cuál es la sección de nuestro cerebro que nos hace celosos. Los resultados demostraron que los celos están en el lóbulo frontal.

Esto quiere decir que al sentir celos se estimula la misma área del cerebro que monitorea el dolor físico, correlacionando las sensaciones físicas con el malestar emocional.

Los celos, por supuesto, tienen una explicación biológica, con el bajo nivel en la sangre de serotonina, y este neurotransmisor regula en el cerebro situaciones como hambre y dolor. ¿Y cómo reconocerlo por su letra?

GRAFOTERAPIA

Deja de escribir tan junto, tan apretado, suelta la letra, libera tu letra, libera tu mente y tu vida.

Si descubres los secretos de tu letra, será más fácil que alcances la felicidad y elijas una buena pareja.

Es celoso si escribe muy fuerte y junto.

> Yo soy una mujer muy libre

GRAFOTERAPIA

Escribe suave y separado, sin exagerar:

> Mi letra es libre como soy yo

Escríbelo, 21 renglones durante 21 días.

1. _____
2. _____
3. _____
4. _____
5. _____
6. _____
7. _____
8. _____
9. _____
10. _____
11. _____
12. _____
13. _____
14. _____
15. _____
16. _____
17. _____
18. _____
19. _____
20. _____
21. _____

CAPÍTULO 15
Violencia

Ante la violencia, ¿qué hacer?

Miedo, mucho miedo es lo que te obliga a quedarte y aguantar una situación difícil. Es la angustia constante de no saber cómo reaccionar, qué te pasará. Sientes cómo va muriendo la confianza en ti, tu amor propio; entras en un círculo cruel de culpa-miedo-sumisión, incluso vergüenza.

Según cifras del Instituto Mexicano de la Juventud, cada quince minutos una mujer es agredida por su pareja y cada treinta y cinco minutos una pide ayuda. Al día mueren seis mexicanas por violencia física.

¿Cómo saber si es violent@?

Si es una persona posesiva, pide que le hagas constantes llamadas y mensajes; quiere controlar tu celular, tu imagen, tus amistades, etcétera.

Dejas de hacer muchas cosas para que no se enoje, incluso llegas a mentir o callar con tal de no alborotarl@, enojarl@ o generar problemas.

- Culpa a los demás o a las circunstancias de su situación.
- No es regla, pero muchos hombres violentos son hijos de madres que abandonan el hogar o viven con familias sumamente conflictivas.
- Te obligan a tener sexo o, durante la relación, a hacer cosas que no te gustan.
- Son crueles con los animales.
- No manifiestan empatía. No saben ponerse en el lugar del otro.
- Desde luego, en la primera cita no mostrarán nada de esto, pero revisa su letra.

TERMÓMETRO DE VIOLENCIA

SÚPER VIOLENTO

MUY VIOLENTO

VIOLENTO AGRESIVO

VIOLENTO

CORAJUDO

NEGOCIADOR

TRANQUILO

SÚPER TRANQUILO

Psicopatía

Un grado extremo de violencia es la psicopatía, la cual se expresa mediante tendencias antisociales innatas, debidas a diferencias cuantitativas, biológicas, de temperamento, o cualitativas en la función cerebral de quien la padece, que dificultan la socialización cuando se encuentran en edad de crecimiento.

Sociopatía

Se trata de individuos con temperamento normal, pero que no adquirieron los atributos socializadores como consecuencia de una crianza negligente e incompetente por parte de los principales agentes de socialización: los padres.

¿Cómo son los psicópatas?

Según el criminólogo, Ricardo Vázquez Cigarroa (https://psicologiaymente.net/clinica/detectar-psicopata) estos son sus rasgos característicos:

No se plantean metas a largo plazo.

Los psicópatas tienden a llevar un estilo de vida fundamentado en la inmediatez, por lo que el mañana les preocupa relativamente poco en comparación con objetivos más cercanos en el tiempo (en especial si son muy primarios y basados en impulsos). Tienden a satisfacer sus necesidades más básicas (hambre, sexo, alojamiento), por lo que no tienden a planificar su futuro con meticulosidad.

Pueden organizarse para perseguir un fin que consideren importante, pero estas metas siempre persiguen resultados a corto plazo. Por ejemplo, un psicópata con propensión al crimen podría robar un coche lujoso para impresionar a una chica y lograr que se suba a él, para luego abusar de ella sexualmente.

Irresponsabilidad

La descripción clásica de los psicópatas los caracteriza como personas que no se sienten atadas a "contratos" o "pactos" con el resto de la humanidad. Esto significa que tienen dificultades para reprimir ciertos comportamientos que perjudican al resto. Por esta razón tienen la peculiaridad de ser esporádicos en los trabajos que desempeñan, así como mudarse de residencia. En la historia de vida de un psicópata es común hallar que sus empleos fueron desempeñados durante breves lapsos de tiempo.

Encanto superficial y falsa adaptación

Los psicópatas suelen desenvolverse en la vida cotidiana con relativa adaptabilidad debido a que han aprendido ingeniosamente a ganarse la confianza de los demás con su falso encanto.

Estas actitudes simplemente son estratagemas empleadas para ocultar sus verdaderas intenciones. Tal es el caso de John Wayne Gacy, "el payaso asesino", con el que los policías se quedaron asombrados tras escuchar a los vecinos referirse a Gacy como un hombre amable y cortés. O aquel exitoso hombre de negocios que estrecha manos amablemente mientras se dedica al lavado de dinero en su empresa.

No establecen vínculos afectivos a largo plazo
Este punto se deduce de los anteriores. La inestabilidad sentimental es una característica casi unánime en las personas diagnosticadas con psicopatía.

Son problemáticos
El DSM-IV manifiesta que las personas con trastorno antisocial de la personalidad se caracterizan por su incapacidad para comprender las normas y reglas de la sociedad, así como un patrón general de desprecio y violación a los derechos de los demás.

Los psicópatas tienden a ser conflictivos y en su historial no sorprende encontrar que han sido sentenciados por algún delito en más de una ocasión. Con frecuencia se meten en líos, pero los castigos y las consecuencias parecen no importarles en absoluto.

Son manipuladores
Los psicópatas tienen una increíble capacidad, casi innata, para persuadir y seducir, herramientas que con frecuencia emplean para manipular a otros y lograr sus perversos fines.

No escatiman en tratar a los demás como objetos para usar este carisma y obtener lo que quieren, incluso si ello lleva perjuicio o daño a otras personas. Es por ello que les gusta "relacionarse" con personas sumisas y de carácter dependiente para aprovecharse o abusar de ellas.

Carecen de empatía
Probablemente se trate de la característica inequívoca de un trastorno psicopático en la persona. Los psicópatas no

tienen la capacidad para "ponerse en los zapatos del otro", de sentir lo que la otra persona siente. Sin embargo, los psicópatas sí pueden entender las emociones de otras personas, identificar qué cambios fisiológicos conlleva un estado de ánimo, inclusive imitarlo.

Por ejemplo, un psicópata sabrá que alguien sonriente probablemente se sienta feliz, o alguien que llora se encuentra triste, sin embargo estas emociones ajenas son ininteligibles para ellos, más allá de comprenderlas a nivel teórico. No pueden entender el júbilo o el dolor que experimenta el otro.

No sienten miedo, culpa o vergüenza

Los psicópatas, por un lado, no se arrepienten de sus actos, carecen de conciencia moral dado que viven bajo su propio esquema de valores, haciendo lo que ellos consideran necesario para satisfacer sus necesidades. Sin embargo, saben usar la culpa contra otras personas "de bien" y en favor de ellos, con una maestría impresionante para manipular.

Por otro lado, los psicópatas frecuentemente buscan acciones que resulten excitantes, razones por lo que la rutina tiende a aburrirles. Lo anterior conlleva a la búsqueda de actividades llamativas, incluso temerarias, ya que no experimentan miedo ni se sienten intimidados por nada ni nadie.

GRAFOLÓGICAMENTE

¿Cómo detecto a un posible psicópata por su letra?

- Los "pies" de sus letras se mezclan con el renglón de abajo, incluso a veces lo sobrepasan.
- Las palabras estímulo son más marcadas.
- Los excesivos trazos hacia la izquierda indicarán repulsión y rechazo.
- Las excesivas prolongaciones y acentuación de la zona inferior y los ángulos, confirmarán las anomalías de los impulsos.
- El estrechamiento entre líneas indicará la deficiente autocrítica y la falta de exactitud para enjuiciar a los otros.
- Las desigualdades de la presión, señalarán las deficiencias para regular las actuaciones por medio de los mecanismos defensivos, generando conductas violentas por la acumulación de odio y deseos de venganza.
- Velocidad de escritura: rápida
- Una escritura rítmica, pero angulosa, denotará la tendencia del *yo* a no buscar la verdadera adaptación.
- Continuos empastes.
- A pesar de los movimientos regresivos, la letra se inclina a la derecha.

Mientras más angulosa sea la letra, más violenta es la persona.

Observa con detenimiento la letra de Hitler, Mussolini, Trump, etcétera.

CAPÍTULO 16

Perdonar o no una infidelidad

La ruptura

Duele mucho que te rompan el corazón, sientes que se te acaba el mundo. Se acaba la confianza, te surgen dudas que generan inseguridad, quieres conocer al otr@ y obviamente compararte. Te llegan mil preguntas, mil culpas, sientes enojo, quieres matar a esa persona, pero te aterra que se marche y te deje. Quizá es una de las pruebas más duras dentro de una relación, por eso ¿se vale perdonar una infidelidad?

¿Es posible el "para siempre fieles" en una relación? Pregunto esto tomando en cuenta que cada vez vivimos más años, antes la gente moría a los cuarenta y ahora llega a los ochenta.

Sin embargo, estoy segura de que el amor nos hace fieles; cuando respetas a alguien NO ERES INFIEL.

Es innegable que la infidelidad implica una pérdida de confianza en la pareja.

No es culpa tuya que te engañen, es cruel decirle a alguien que tuvo la culpa de tu infidelidad. Sin duda, es uno de los episodios más difíciles en una pareja.

¿Perdonar o no una infidelidad?

Todos nos creemos expertos en la materia, todos aconsejamos como si fuéramos la máxima autoridad moral, opinamos al respecto, incluso habrá quien diga: "Véngate."

Yo no creo en ello, pero sí en que cada situación es única y particular. Si vas a perdonar, no lo reproches después, porque sólo haces metástasis en una relación que ya tiene cáncer.

1. Decide en frío, no con la cabeza caliente; no tomes decisiones anticipadas y **no confundas dignidad con orgullo**. Escribe en una hoja todo lo que sientes, berrea y grita. Sácalo todo, luego destruye la hoja y libérate de esa emoción. No dejes que se quede en ti.
2. Habla con la persona todo lo que tengas que hablar: si es la primera vez, si ha sido algo recurrente; no te vayas contra la tercera persona porque no te debía la fidelidad que tu pareja sí.

Toma una hoja y escribe en dos columnas por qué continuar y por qué no continuar. Haz tu balance y con base en ello toma la decisión.

¿Por qué continuar mi relación?	¿Por qué terminar mi relación?

Y perdona, sea cual sea la decisión: perdona y libérate de una culpa que **no es tuya** y por lo tanto no debes de cargar.

¿Realmente está arrepentid@?

Quítate ideas de venganza, son horribles y no te ayudan en nada, pero sí te envenenan.

Acude a terapia y recupera tu autoestima.

Toma tu tiempo para sanar, entender y perdonar. El tiempo enfría las cosas.

Lo sé: nada vuelve a ser igual, pero tal vez esa pausa ayude a reinventar la relación.

CAPÍTULO 17
¿Es momento de terminar la relación?

Lo mejor es cortarl@

Esta decisión es una de las más difíciles. Estoy convencida de que se olvida que antes esa persona lloraba por ti. Terminar es quizá uno de los lutos más complicados de sobrellevar.

Dicen que el amor no muere, solamente se transforma. Por eso terminar con una pareja provoca un dolor muy profundo. Hay quien piensa que una relación de muchos años duele más que una que duró poco tiempo. Sin embargo, no creo que el dolor de terminar una relación sea proporcional al tiempo que duró, sino que tiene que ver con el grado de enamoramiento.

Entonces, cuando criticamos a esa persona que luego de una relación que duró dos días se corta las venas, estamos en un grave error: es totalmente comprensible sentirse devastado cuando una relación termina.

Hay diferentes fases durante el duelo de pareja.

Negación

Es la primera. No aceptamos que terminó la relación y todavía tenemos la idea de que nuestra pareja regresará, de que es un mal sueño y las cosas no son como parecen.

Enojo

Es la segunda. Sientes enojo hacia ti y hacia la otra persona, te preguntas qué hiciste mal.

Después empiezas a buscar soluciones.

Tristeza y dolor

Son la tercera fase. Es cuando más lloras porque tienes que sacar todo eso que traes dentro para reinventarte.

Aceptación

Después viene la etapa de la aceptación. Tu relación ha terminado, entonces puedes empezar hablar de eso sin quebrarte, incluso te puedes reír de ti.

Debemos tener en cuenta que la ruptura sentimental es uno de los momentos más estresantes que podemos vivir.

Y aunque duele mucho, lo mejor es terminar la relación de una vez.

Señales de que tu relación está valiendo

- Todo el tiempo pelean. Si bien todas las parejas discuten como algo natural, pero si todo el tiempo pelean, algo anda mal, muy mal. Una cosa es discutir y ponerse de acuerdo y otra es pelear y destruirse.

- Prefieres trabajar a estar con tu pareja. No tienes ganas de llegar a tu casa a convivir, a cenar con esa persona que fue especial; al contrario, prefieres hacer tu vida por tu lado.
- Hay muy poca intimidad. Las relaciones sexuales se reducen al mínimo, por costumbre. Cada vez hay menos encuentros sexuales, y del deseo mejor ni hablamos: **ya no se te antoja**.
- Otras personas empiezan a mover el tapete, de modo muy cañón. Se supone que cuando amas a alguien sólo tienes ojos para tu pareja.
- No te imaginas el futuro con él, te sientas junto a esa persona y piensas: "Dios mío, ¿qué hago aquí, realmente quiero estar con esta persona el resto de mi vida?"

El duelo

Maryfer Centeno @Grafocafe 26 de agosto

¿Regresarías con tu ex?

↩ 8   ↻ 1   ♥ 8

✓ 29% contestó que sí.

✗ 71% contestó que no.

✓ 57% contestó que sí.
✗ 21% contestó que no.
⊖ 22% contestó en eso estoy.

◯ 21% contestó 6 meses.
◯ 32% contestó que menos de 6 meses.
◯ 47% contestó que más de 6 meses.

Debemos trabajar el sentimiento de culpa, recuperar la autoestima y el desapego, porque cada uno será responsable de su dolor, y de cómo lo vive.

Terminar una relación de pareja no es el fin del mundo, sino el inicio de uno nuevo. Esta vez no empiezas de cero, sino con nueva información.

Aquí otra grafoencuesta.

✓ 54% contestó verdad.
✗ 46% contestó mentira.

✓ 67% contestó que sí.
✗ 33% contestó que no.

✅ 54% contestó que sí.

❌ 46% contestó que no.

53% contestó que solo.

47% contestó que en pareja.

Maryfer Centeno @Grafocafe 26 de agosto

¿En qué aspecto te fijarías más ahora, de una pareja?

↩ 8   🔁 1   ♥ 8

○ 34% contestó Responsabilidad .
○ 29% contestó Fidelidad .
○ 09% contestó Economía .
○ 28% contestó Carácter .

Maryfer Centeno @Grafocafe 26 de agosto

¿Volverías a tener pareja?

↩ 8   🔁 1   ♥ 8

✓ 87% contestó que sí.
✗ 13% contestó que no.

CAPÍTULO 18
Cómo superar una ruptura

No te dejes hundir

¡Háblalo! Habla con la gente que más quieres y de toda tu confianza. Saca todo lo que tengas de tu relación amorosa y llora todo lo que necesites, no sólo se vale, es necesario.

Evita todo contacto, elimina a la persona de tu redes sociales, borra su teléfono; eso de estar constantemente investigando o hablando con sus allegados solamente retrasa el proceso.

Deja de pensar en esa persona, eso incluye no escuchar las canciones que te la recuerdan y te torturan.

Cambia tu *look*, píntate el pelo, hazte algo que siempre hayas tenido ganas de hacer. Ponte súper guap@, ponte a dieta, haz ejercicio, actívate; el ejercicio libera endorfinas que nos hacen sentir felices y activos, guapos, sexys, atractivos.

Consiéntete, date un mensaje, come algo que te guste, cómprate ropa, busca realizar cosas que antes no hacías porque a esa persona no le gustaban.

No te quedes encerrad@ en casa, llenando tus desgracias emocionales con comida: no sólo te amargará, te pondrás gord@.

Te presento dos testimonios de personas totalmente diferentes, para que veas cómo volvieron a creer en el amor.

Con Magda Rodríguez se habla a calzón quitado. Su vida profesional ha sido por demás exitosa. Es una productora que ha ganado Emmys. Ha revolucionado la televisión y los programas de y sobre mujeres. Es una defensora de la libertad, pero de la libertad informada. Ella es la mezcla entre lo bohemio y una mujer ejecutiva de alto nivel. Siempre dice que el trabajo habla por uno mismo, pero todos esos logros profesionales tuvieron un precio: decidió cumplir sus sueños y para ello los puso encima del matrimonio.Es alegre, divertida, creativa, talentosa, ligera; aquí está Magda, pero no la productora, sino la mujer.

"Mi duelo comienza cuando me doy cuenta de que no voy a regresar con mi esposo, que yo me voy porque no me acompaña en mis sueños. Es un sacrificio de amor y una entrega de amor porque él sigue siendo el hombre de mi vida. A partir de ese momento mis relaciones me acompañan, pero nunca influyen en mis decisiones. Podemos pasar navidades y fiestas juntos, yo siento que no todos nacimos para amar; he aprendido a ser cómplice y amiga, pero ese amor profundo jamás lo volví a sentir por nadie.

Nadie esperaba mi separación, ni siquiera mi esposo. Íbamos en la carretera, peleamos porque yo quería seguir con mis sueños y regresé a casa de mis papás, incluso mi suegra fue a hablar con mi papá para que regresara al hogar conyugal.

Mi esposo tenía una carrera como empresario y yo empezaba en el medio, yo no ganaba nada, él sí; yo rechacé una vida muy cómoda, un Porche, y es que por orgullo yo no quería nada. La verdad es que a los hombres hay que pedirles porque no es sólo obligación de las mujeres, sino también de los hombres y así seguir creciendo etcétera.

Un día en el garaje creé mi propia empresa de publicidad, ganamos campañas muy importantes. ¿Dónde quedó la bolita?, refranes del millón, una gran aventura, fue increíble, me liberé, pero no te creas.

Es terrible la mañana en que te levantas y dices: "Soy Magda Rodríguez y soy divorciada-" Recuerdo que en aquel entonces decir "divorciada" era como decir soy golfa. Además, es un fracaso, como decir no pude; yo mentí por años diciendo que estaba casada, pero sin duda lo primero que hay que asumir es que estas divorciada, tenerlo que repetir y hacerlo efectivo porque hasta en los hijos está la ilusión de que sus padres regresen, pero eso jamás pasó.

Es un fracaso de los más fuertes por encima de un trabajo. Tú sabes que yo no tuve la capacidad de luchar por él, nos faltó fuerza para luchar por este matrimonio, no nos fletamos para seguir juntos, no lo hicimos.

Quizá si no nos hubieran educado como princesas, porque, te digo, mi suegra fue a decirle a mi papá que regresara a la casa y mi papá dijo: "No, ella es la reina."

Quizá si mi papá me hubiera aconsejado: "Te vas a tu casa porque las relaciones no se terminan por tonterías..." Porque por eso terminamos, por llevar la cabeza caliente y por tonterías.

Pero ¿cómo superar un duelo de este tipo?

1. No buscar culpables, el otro no tiene la culpa, yo soy la responsable, yo lo decidí y lo tomé así.
2. No tomar decisiones con la cabeza caliente.
3. Tener el control de tu vida, no eres un títere.
4. Piénsalo mil veces antes de divorciarte.
5. Procesar el duelo es entender que tú eres el protagonista, jamás aceptes un papel secundario.
6. Habla del dolor de tu aprendizaje, de tu momento.

La lección es que de un mal matrimonio encontré al mejor exmarido.

Que esto te sirva de lección. Aprende qué sí hacer, decir, busacr y qué no en tu vida.

GRAFOTERAPIA
Para tomar el control de tu vida

Escribe en color **morado** para el cambio y letra grande,
lo más grande de la frase debe ser tu nombre.

SOY INDEPENDIENTE, ME LLAMO

_____

Y SOY ÉL/LA PROTAGONISTA DE MI VIDA.

Soy Violeta Isfel, soy mamá soltera. ¡Y claro que se puede!

Sus ojos claros parecen iluminar cualquier lugar donde ella esté. Tiene la facilidad de hacer que el mundo sobre cuando hablas con ella, tiene esa habilidad de llevarte a su historia, estés donde estés.

Ella es Violeta Isfel, mamá de Omar Isfel: sí la talentosa actriz y la súper mujer que hoy es.

Cuando Omar llegó, se llevó todo, me quitó los lentes rosas con los que yo veía esa realidad que no era la mía: violencia, limitaciones y sí, habrá que decirlo, abusos.

No sabes qué dolor se siente cuando se derrumba la persona que amas, con la que quisiste formar una familia. Porque yo me enamoré de él, me fui a vivir con él y quería tener un hijo suyo.Llegué a su casa, bueno, a casa de sus papás. Yo trabajaba como actriz, pero no ganaba mucho dinero, todo se lo daba a él. Como pude, me hice de cosas para el bebé y hasta de una tele. Mi embarazo lo viví sola, porque él siempre estuvo ausente, lejano. A pesar de todo, no sabes qué feliz fui, qué bien me la pasé.

La violencia llegó a tal grado que, en una ocasión, quizá como detonante del final, le dije: "Golpéame, pero que se note." Se enojaba por todo, hasta porque lloraba el bebé. Yo calentaba los biberones en baño maría, y eso es tardado. Prefería, y te lo digo sinceramente, que no estuviera. Hice de todo, limpiaba, cocinaba, trabajaba y aguantaba. Pero en un momento dije: "Ya no más, Violeta no es sumisa, Violeta es fuerte, independiente."

Pero te digo, llegó Omar y se llevó todo. Me quedé flaca, sola y obviamente sin dinero. Fue el amor a Omar el que me sacó adelante, fue recuperar a Violeta, para ser la mamá que Omar se merecía y la mujer que soy y desde entonces he sido.

No fue fácil, me escapé, y mira que tuve que pedir ayuda a mis papás y decir "yo sé que me equivoqué, pero ayúdenme a escapar". El papá de Omar trató de robárselo, metió mentiras donde pudo, pero me dejó la mejor lección de mi vida. Recuerdo cuando me escapé, esperé a que no hubiera nadie en esa casa para que mi papá me ayudara a llevar mis pocas cosas en una camionetita.

El futuro es incierto, pero mi mayor meta es que Omar sea un niño feliz.

Recuperé mi cuerpo, mi autoestima, mi trabajo y mi libertad. Sí, soy Violeta Isfel y soy madre soltera. Como dice mi papá, "ni la primera ni la última".

Omar es un niño feliz, pleno y sano. Él decidirá cuándo ver a su papá, no yo. Todo será a su ritmo, no al mío. Yo no soy la víctima, soy libre, soy la dueña de mi vida.

¿El amor? Vale la pena. Me volví a enamorar y estoy feliz con la familia que hemos formado, somos felices. Él con sus hijas, yo con el mío, juntos hemos formado un nosotros maravilloso.

¿Cómo superarlo?
Todo empieza desde el amor propio.

GRAFOTERAPIA
Para tomar el control de tu vida

Escribe en una hoja en blanco un corazón redondo y gordito, con letra grande y en **rojo** las palabras que mejor te definan.

Inteligente
Tenaz
Valiente
Guap@
Entregad@
Trabajador@
Sensible

Es momento de que te liberes.
Dibuja unas alas y escribe en ellas todos tus sueños y las cosas que quieras hacer, con los colores que quieras. Ponla en tu buró, dedícate a ser feliz con o sin pareja, libérate y vuela tan alto que no quieras mirar atrás.

- Quiero aventarme del paracaídas.
- Quiero comer sin culpa.
- Sueño con un bebé.
- Quiero tener una granja orgánica.
- Deseo enamorarme.
- Reírme de mí.
- Hacer dos días el amor.

Y cuando conozcas a alguien, revisa tus alas para saber si esa persona es con la que quieres volar.

CAPÍTULO 19
¿Será amor para siempre?

¿Son compatibles?

La compatibilidad va más allá del amor. Según algunas estadísticas, las parejas duran más por similitud que por complementación. Sin embargo, esto no es una verdad absoluta. La atracción física es fundamental al principio, los juegos activan la dopamina y esa bomba de químicos ayudan a que el cerebro se estimule.

Con el tiempo, el cerebro genera resistencia, entonces ya no idealizas el amor de tu pareja, te quitas los lentes rosas del enamoramiento y ¡zaz!... Ya estás con la persona, el ser humano real con el que vas a convivir. La buena noticia es que sí existe el amor a largo plazo. Por muchos años pensamos que el amor tenía fecha de caducidad, pero los nuevos estudios no lo estiman así. Existe la posibilidad de que el amor y el deseo subsistan durante treinta o cuarenta años. Por lo tanto, la compatibilidad es la forma en que una pareja interactúa en temas importantes para ambos.

Se requiere de habilidad para vivir juntos. Si quieres cambiar a tu pareja, ahí tienes el primer indicio de que no son compatibles.

La compatibilidad tiene que ver más con la forma de vida que con el amor por eso muchos dicen que la peor razón para casarse o comprometerse es el amor.

Como pareja, debemos construir la relación día a día. Practicar actividades que liberen neurotransmisores como endorfinas, dopamina y oxitocina, para mantener el bienestar.

¿List@s para el test?

Tomen dos hojas en pareja y escriban lo siguiente:

- Nombre
- Firma
- La palabra muchas gracias y los números del 1 al 3.

1. El carácter
El que escribe más redondeado es el más emocional en la relación, el más romántico y el más amorososo.

El que escribe más alto es más racional.

El que escribe más ligado es más manipulador.

El que escribe más anguloso es el más enojón.

2. La sexualidad
Si el sexo no es bueno, mejor quédense como amigos.

Revisen sus letras "g", aunque seguro en los capítulos referentes al sexo ya checaste muchas cosas.

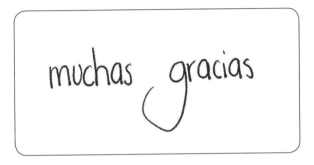

El que tenga la parte baja de la g redondeada es más caliente y le da más importancia a la sexualidad.

3. Visión a largo plazo

Quien firma en la parte izquierda está en el pasado, su visión se centra en lo que fue o hizo.

Quien firma en la parte central está concentrado en el presente, en su aquí y ahora.

> Quien firma en la parte central
> está centrado en el presente
>
> *Omar Martínez*

Quien firma en la parte derecha piensa a largo plazo, en el futuro y no sólo en el ámbito de pareja.

> Quien firma en la parte derecha
> piensa a largo plazo
>
> *Miguel Ángel J.*

4. Relación ante el dinero

Si los números son más grandes que la letra, es porque le da más importancia al dinero, es un tema que genera preocupación y atención.

Si la letra es más grande que los números, le da más importancia a lo personal que a lo económico.

Si son del mismo tamaño, ¡felicidades!, eso indica equilibrio perfecto entre lo económico y lo personal.

Sofía Ramirez
55391521-9

5. Prioridades

Si su nombre es más grande que los apellidos, le importa más estar bien consigo que con los demás.

Ivan Ruiz Montero

El apellido paterno muestra que las apariencias, el trabajo y la reputación son fundamentales.

Quien escribe más rápido es el más impaciente de la pareja, quien escribe más despacio sabrá mantener la calma en momentos de tensión.

Quien subraya su firma tiene una mayor necesidad de reafirmación.

Si el apellido materno es más grande, la familia y las raíces son lo más importante.

En los ejemplos se nota que unas letras son más grandes.

6. Capacidad de negociación

La letra a la derecha refleja una enorme capacidad de negociación.

La letra vertical refleja una enorme terquedad.

El que escribe más ancho tiene mayor necesidad de comunicarse.

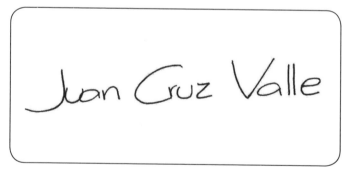

El que escribe más junto es el más estresado.

¿Y el proyecto de vida?

Definir un proyecto común, establecer un compromiso entre dos personas para compartir una vida, incluye metas, sueños, hijos –en caso de querer tenerlos–, forma de manejar el dinero, estilo de vida, etcétera.

Su proyecto no tiene que ser rígido, las situaciones cambian, se transforman, pero las cosas esenciales deben prevalecer.

Así que platiquen acerca de los siguientes puntos: ¿quieren tener hijos?, ¿cómo se ven en unos años?, ¿qué perdonarían?, ¿qué no perdonarían?

Cada uno tome una hoja y escriba siete principios fundamentales para la relación. Pídele a tu pareja que firme, que acepte cumplir ese acuerdo.

Por ejemplo: "Para mí es importante que no tomes mucho en las fiestas", "Para mí es importante que no compres pan porque se me antoja". Cosas sencillas que forman el día a día que construyen la relación.

Firmen ese acuerdo, y si no están conformes con las cláusulas, platíquenlo y lleguen a acuerdos.

Por último, te presento siete *tips* para que tu relación de pareja funcione:

1. Ten tacto para hablar con tu pareja.
2. Respeta tu espacio y el de tu pareja.
3. Innova, inventa, experimenta en lo sexual.
4. Perdona, aprende y acepta, no reproches cosas que ya se arreglaron.
5. Ríete, relájate y disfruta.
6. Habla todo lo que debas hablar.
7. Evita faltas de respeto.

8. Modifica rutinas, no caigas en la costumbre.
9. Arréglate, ponte guap@.
10. Pide perdón cuando sea necesario.

El amor no tiene por qué doler, al contrario, debe ser una aventura maravillosa. Es cierto, la pareja puede sacar lo peor de ti, pero también lo mejor y, sin duda algun, el amor, el verdadero amor, nos vuelve buenos.

Eso sí: esperar que otra persona te haga feliz es la manera más rápida de no serlo. Ralph Waldo Emerson dijo que cuando una persona encuentra a su pareja, comienza la sociedad.

Cada pareja es un mundo posible. Es la oportunidad de crear un idioma, una visión, una cultura.

> Ama y haz lo que quieras. Si callas, callarás con amor; si gritas, gritarás con amor; si corriges, corregirás con amor; si perdonas, perdonarás con amor.
> **San Agustín**

CAPÍTULO 20
Las suegras

La suerte negra

Si pensaste que te casas con sólo una persona, tengo noticas para ti: a menos que sea huérfan@, te has casado con la familia y también con una mujer, sí, tu suegra, sabes que significa suegra: ¡La suerte negra!

Debes saber de inmediato lo que le gusta o le disgusta, si puedes acercarte y llevarla bien o mejor de lejecitos. Tener una relación con una suegra a veces no es fácil, menos si es de las que gritan, se entrometen o salen peleoneras.

Pero no te preocupes, puedes tener herramientas efectivas para enfrentar a la más malvada de las suegras, y la grafología es una de ellas, y muy valiosa. A través de su letra descubre de una vez por todas, qué hacer ante los **diferentes tipos de suegras** para convivir mejor con ella.

Así que en la primera cita del potencial compañer@ de romance no sólo le pidas su letra, también pídele la letra de su santa madre…

Te lo digo en serio, es importante conocer la letra de las personas que quizá algún día sean parte de tu nueva familia. Muchas veces nos presentan a la madre de nuestra pareja o a algún otro familiar y el primer acercamiento está marcado por la amabilidad, la simpatía o la sonrisa franca. Pero no sabemos realmente cuáles son sus intenciones.

Así que ponte buz@ con la letra de tu novi@ ¡y de su mamá!

Protectora

Si le caes bien, ganaste una gran aliada, pero si te alucina, pobre de ti, protege a su hijo como si fuera el más bello del mundo, es leal y sacrificada. descubre su firma, es encerrada, quizá algo impenetrable.

Competitiva

Apréndete esto: de todo lo que tú le cuentes, ella es algo muchó más que tú: si tú eres exitos@, ella lo es más; si subiste el Tepozteco, ella escalo el Everest; si has sufrido en la vida, ella ha llorado lágrimas de sangre.

Su firma es súper ascendente, demasiado hacia arriba lo que demuestra que siempre quiere ser más que tú y que los demás.

Invasiva

Ella no sabe de límites, tu casa es su casa, tu pareja es su hijo, ella quiere y necesita estar en todo. De todo opina, en todo se mete, de todo sabe, es ajonjolí de todos los moles.

En el sentido negativo, te puede marear, en el positivo es generosa y te dará lo mejor de sí. Si te la sabes ganar, dale por su lado porque por las malas da miedo…

Su letra es mega ancha, significa que desea abarcarlo todo.

Elena Gómez

La fijada

Es impecable, se viste apropiado a su edad, es observadora, analítica, prudente, tiene la palabra precisa en el momento perfecto. Sus comentarios son tan puntuales que pueden llevarte al cielo o al infierno.

Ella se fija en todo, en tu ropa, tus escotes tus malas palabras... En el peor de los casos revisa con detalle tu nivel socioeconómico y, por qué censurarme, se fija ¡hasta en tu color de piel!

Su letra es generalmente cursiva, sus signos de puntuación son perfectos, fíjate bien, es muy frecuente que cuando escribe la letra "A", parece que tiene cola de alacrán.

Querido hijo:
Te agradezco tus atenciones en estos días.
Eres un gran hombre
Con amor
Margarita López

Respetuosa

¡¡¡Sí existen!!! Son pocas pero las hay. Su letra es ordenada, mediana y deja espacios adecuados entre texto y firma. Esto representa equilibrio, respeto y prudencia.

Querida Sara:
Les deseo todo el éxito
ahora que se casan.
Los quiero
Miranda Olvera

Nostálgica

Recuerda con gran añoranza a su tesoro —la belleza que tú te llevaste y arrancaste de sus brazos—, cada detalle de su niñez, cada gracia que hacía su pequeño que hoy es un adulto hecho y derecho, como si fuera digno de ser feriado y celebrado por todos. Este tipo de suegra es la clásica que vive en el pasado, sólo fíjate en su look, seguro no es mal intencionada solo muuuuy nostálgica, que no te extrañe si un día te saca el libro de fotos de "su bebe" en las primeras citas.

Su letra es súper a la izquierda y redondeada. En caso de que sea a la izquierda y angulosa, no sólo es nostalgia, ¡también vengativa!

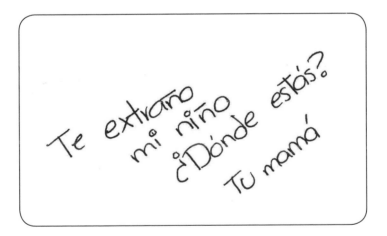

Te deseo lo mejor del mundo con tu suegra, espero que estos tips te sirvan para identificar dónde te vas a meter, la vida da muchas vueltas y quizá algún día debas saber con qué suegra vas a lidiar, o peor aún, enfrentarte **a la suerte negra**.

EPÍLOGO

Gracias por acompañarme hasta el final de este sueño. Ya compartí contigo las herramientas para que te conozcas más y mejor, para que te reinventes y corrijas tus errores en tus relaciones de pareja. Espero que el libro te deje un mensaje pícaro, divertido y, sobre todo, muy útil para que tus ligues y romances no se conviertan en una pesadilla

Con los tips, los ejercicios y los resultados de las encuestas quise mostrarte un poco más de este mundo del amor, de la sexualidad, de la intimidad compartida. Ahora sólo tienes que gozar, hacer a un lado los prejuicios y disfrutar tus encuentros sexuales al máximo.

En estas páginas están los conocimientos que he adquirido a lo largo de los años respecto a la interpretación de tu letra y el comportamiento humano. Gracias a la grafología puedes cambiar tus hábitos negativos y elegir mejor; entrar en un universo de romance, fantasía y sexualidad sin culpas ni reproches. Tu escritura es tu rostro, tu conducta, tu comportamiento y, si revela partes con algunos peros, gracias a la grafología puedes revertirlas para sentirte mejor y vivir en plenitud.

Gracias por leer este libro, espero que te hayas divertido como lo hice yo al escribirlo. Sólo deseo que te sirva, lo compartas y seas un feliz enamorado, de él, de ella, ¡de la vida!

Grafología en el amor de María Fernanda Centeno
se terminó de imprimir en mayo de 2017
en los talleres de
Litográfica Ingramex, S.A. de C.V.
Centeno 162-1, Col. Granjas Esmeralda, C.P. 09810
Ciudad de México.